Livets glæde – en salmebog

2. udgave

Tekster af Karsten Højrup Petersen

Melodier af
Søren Krogh
Johannes Toftdal
Flemming Hundevad Meng
Kristian Bisgaard Enevoldsen
Kristian og Nanna Enevoldsen
Kristian og Bertram Enevoldsen
Dorthe Berg Asklev Hansen
Niels Hougaard Jefsen
Simon Goldenberg
Karsten Højrup Petersen

Livets glæde - en salmebog
2. udgave
Karsten H. Petersen, 2016

Forsidebillede: 'Sangfugle' af Lena Mandal

Bogens udgivelse er støttet af
Bodil og Jørgen Munch-Christensens kulturlegat

Forlag: BoD – Books on Demand, København, Danmark
Fremstilling: BoD - Books on Demand GmbH - Norderstedt, Tyskland

ISBN 978-87-7114-595-3

Indhold

Morgen

Aften

Året

Kirkeåret - troen

Advent og jul

Påske og pinse

Menneskelivet

Af samme forfatter:
Den Lille Bibel – for børn
Jesusfortællinger og eventyr
Jens og flammernes verden
Julebesøg i Vejle
Hvad så, Filip?
To mus på tur - en kalenderfortælling
malebog og www.tomuspåtur.dk

Salmerne 4—17 er fra "Hver morgen og hver aften"
Der er en morgensalme og en aftensalme til hver dag i ugen
med "O skabelsens morgen" til søndag morgen
og "Mørket er tungt" til lørdag aften.
Se projektet på http://menghoejrup.blogspot.dk

Nogle af salmerne er indsunget på cd'er

Læs mere på
http://karstensalmer.blogspot.dk
http://www.bricksite.com/karstenhpetersen

Karsten H. Petersen 2007

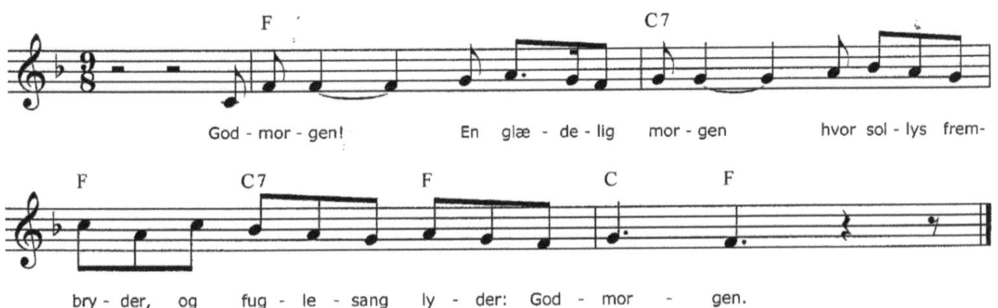

1 Godmorgen!
- En glædelig morgen
hvor sollys frembryder,
og fuglesang lyder:
Godmorgen.

2 Godmorgen!
Vågn op denne morgen
og tak Gud for hvilen,
for dagen og tiden.
Godmorgen.

3 Godmorgen!
Forundringens morgen.
Gud livet os giver
og hos os, han bliver.
Godmorgen.

4 Godmorgen!
Fornyelsens morgen.
Som morgensol-røden
vandt Gud over døden.
Godmorgen.

5 Godmorgen!
Forløsningens morgen.
Den nåde, vi tror på,
gav Gud os sit ord på.
Godmorgen.

6 Godmorgen!
Mød verden hver morgen
som fuglen, der synger,
og lys, der forkynder
Godmorgen.

7 Godmorgen!
Vi hilser Godmorgen
med Guds fred i hjertet
og glæden i sindet.
Godmorgen!

Karsten H. Petersen 2007

2 - Endnu en dag

Søren Krogh 2008

1 Endnu en dag er os givet
af vor skabers gode hånd.
Hvert øjeblik er velsignet
selv, når vi er lagt i bånd.
For, gådefuld er livet her.
Så overvældende er det for os.
Vi lever i dag af Guds nåde.
Vi lever i dag af Guds ord.
Vi lever i dag af den gåde,
som hører til livet på jord.

2 Endnu en dag må vi høre
om vor Herres glædes ord.
Det gir os kraft til at leve,
når vi helt af hjertet tror.
For det er sandt; Gud ser på os
som elsket selv, når vi har gjort en fejl.

Vi lever i dag af Guds nåde.
Vi lever i dag af Guds ord.
Vi lever i dag af den gåde,
som hører til livet på jord.

3 Endnu en dag skal vi være
i et samvær med vor bror,
og sammen skal vi nu bære
ansvaret for vores jord.
Til livet er vi bundet og
dog givet fri, så vi kan vælge nu.
Så lev i dag i Guds nåde,
og lev i dag på Hans ord.
Ja, lev i dag med den gåde,
som hører til livet på jord.

Karsten H. Petersen 2008

Verden er ny - 3

Niels Hougaard Jefsen 2011

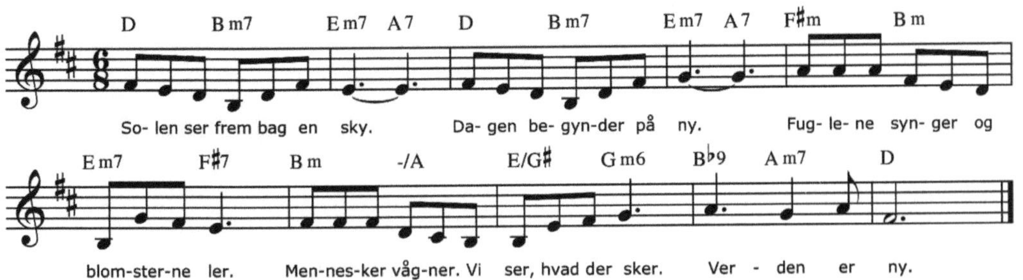

1 Solen ser frem bag en sky.

　　Dagen begynder på ny.

　　Fuglene synger, og blomsterne ler.

　　Mennesker vågner. Vi ser, hvad der sker.

　　Verden er ny.

2 Hver dag har duft af Guds ånd.

　　Livet blir lagt i vor hånd.

　　Kærlighed får vi af Gud i stor stil,

　　så vi kan dele – gi' andre et smil.

　　Verden er ny.

3 Vi kan på jord finde fred,

　　frihed, en ny mulighed.

　　Livet gir glæder og sorger og savn.

　　Gud er os nær, og han ta'r os i favn.

　　Verden er ny.

Karsten H. Petersen 2011

4 - O skabelsens morgen

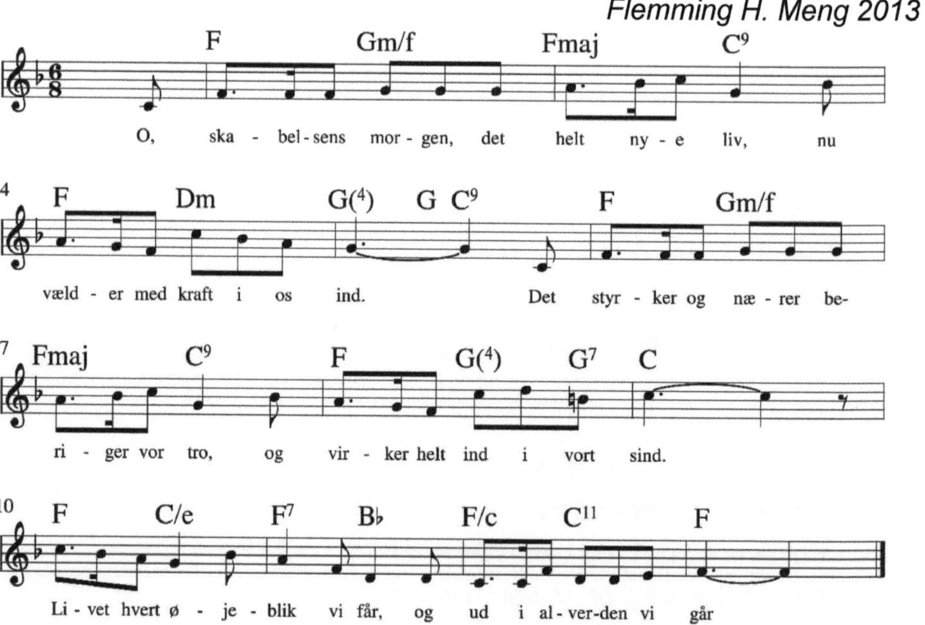

1 O skabelsens morgen,
  det helt nye liv
  nu vælder med kraft i os ind.
  Det styrker og nærer,
  beriger vor tro
  og virker helt ind i vort sind.
  Livet hvert øjeblik vi får,
  og ud i alverden vi går.

2 Hver underfuld morgen
  vi øjet slår op
  og ser, jorden stadig er til.
  Vi takker vor Gud for
  den skabelseskraft
  der virker og gør, hvad Han vil.
  Livet hvert øjeblik vi får,
  og ud i alverden vi går.

3 Opstandelsens morgen
  med budskabet om
  at livet i Gud ej forgår.
  Fra Jesus på korset
  til graven er tom
  som påskens fortælling os når.
  Livet hvert øjeblik vi får,
  og ud i alverden vi går.

4 Du søndagens morgen
  den herlige dag
  hvor døren til kirken går op,
  der kan vi os samle
  til nadver og dåb
  og synge Guds pris uden stop.
  Livet hvert øjeblik vi får,
  og ud i alverden vi går.

Med fulgenes sange - 5

Flemming H. Meng 2013

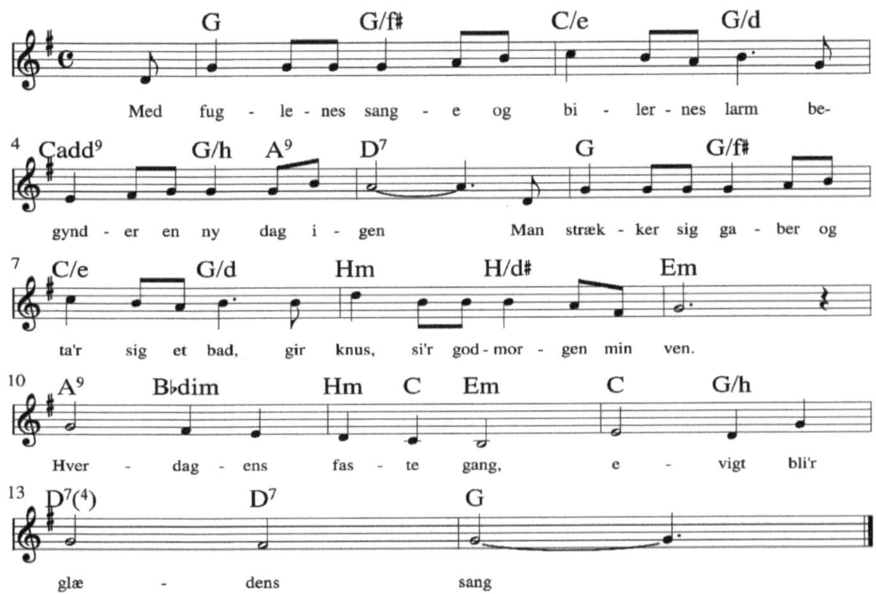

1 Med fuglenes sange
         og bilernes larm
begynder en ny dag igen.
Man strækker sig, gaber
         og ta'r sig et bad,
gi'r knus, si'r: "Godmorgen min ven."
Hverdagens faste gang,
evigt bli'r glædens sang.

2 Når arbejdet kalder,
         da gør man sig klar
og finder værdi i det kald.
Man gør det, man kender,
         og gør det hver dag
igen og igen, som man skal.
Hverdagens faste gang,
evigt bli'r glædens sang.

3 Som solen hver morgen
         står op gennem sky
og ude i vest svinder hen,
gi'r Gud også livet til os her på jord,
før helt vi forsvinder igen.
Hverdagens faste gang,
evigt bli'r glædens sang.

4 Dog budskabet lyder fra Jesus til os,
         at Guds rige aldrig forgår.
Vi lever på ordet med dåben i pagt:
I barnekår altid vi står.
Hverdagens faste gang,
evigt bli'r glædens sang.

Karsten H. Petersen 2013

6 - Henover fjordens

Flemming H. Meng 2013

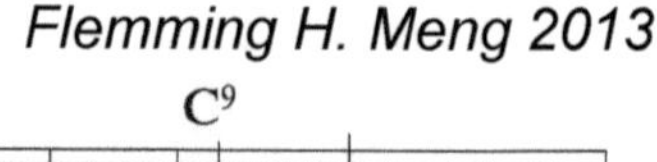

1 Henover fjordens blanke vand
kommer solen frem med lys
og skaber farveleg.
Den hæver sig op og bli'r hel,
glider som en ballon
bag ved broens fine streg.

2 Skovklædte bakkers grønne pragt
viser sin mangfoldighed,
når lyset kommer der.
Med næring fra jord, regnens vand
vokser buske og træer -
se hvor underfuldt det er.

3 Et sandt mirakel bli'r også vi,
når Gud gi'r sin kærlighed
som tillid ind i os.
Til andre gi'r det også vækst
når den kærlighed kan
strømme som en livets fos.

Karsten H. Petersen 2013

Flemming H. Meng 2013

1 Blomsten så let åbner sig
  og viser nu hele sin ynde
  som en del af markernes grøde.
  Bien summer lystigt omkring,
  glad hilser den os og finder
  lidt saft til honningens søde.

2 Fuglen så ung skriger højt
  i håb om at få morgenmaden.
  En orm ønsker den til sin mave.
  Lærken svæver over sin mark
  synger for alle, der lytter,
  så smukt om Guds morgengave.

3 Se fuglen på himlens blå
  og blomsten der ude på marken.
  De er smukke, og de får føde.
  Sådan må og vi som Guds børn
  tro på, at Han os ret kender
  og ved, hvad vi kan behøve.

4 I tillid vi leve må
  til Guds milde og rige gaver:
  Livet, maden og kærligheden.
  Han os følger med sind og blik,
  vender sig aldrig væk fra os
  men er med hele sin godhed.

Karsten H. Petersen 2013

8 - Dagen ny gi'r mulighed

Flemming H. Meng 2013

1 Dagen ny gi'r mulighed
  for mer' hygge, leg og snak.
  Solskin, latter og humør
  deler vi og siger tak.
  Hvilken dejlig morgenstund.

2 Vi er sat i fællesskab
  og skal dele dagens liv.
  Vi kan elske, hjælpes og
  se den anden positiv.
  Hvilken dejlig morgenstund.

3 Ingen er dog helt perfekt,
  alle vil vi gøre fejl.
  Derfor må vi også se
  os selv i et ærligt spejl.
  Hvilken dejlig morgenstund.

4 Som ved Herrens nadverbord
  er at tilgive basalt.
  Gud, i denne nye dag
  lad mig være jordens salt.
  Hvilken dejlig morgenstund.

Karsten H. Petersen 2013

De tunge, mørke skyer - 9

Flemming H. Meng 2013

1 De tunge, mørke skyer ligger tykt
og lukker ikke morgensolen ind.
Nu sidder jeg med kaffen
          ved mit bord
og lyset når ej heller til mit sind.
Igen jeg synker ned
i Langfredags ensomhed.

2 Skal selv jeg klare
          sorgens ensomhed,
vil livet helt gå hen i mørkets sky.
Et stilheds fængsel tomt,
          hvis noget ej
vil bryde ind og vække mig på ny.
Gid ej jeg synker ned
i Langfredags ensomhed.

3 En sprække åbner sig, lys vælder ind
med kraft, der vidner om
          en himmelsk magt.
Må Gud og åbne helt mit sind.
          Jeg tror,
at død er Ham og livet underlagt,
så ej jeg synker ned
i Langfredags ensomhed.

4 I håbet priser jeg den mulighed
at ansvaret for liv ej kun er mit,
men at min Skaber, Herre,
          Gud og Far
som hjælp vil kalde mig og alt for sit,
så ingen synker ned
i Langfredags ensomhed.

Karsten H. Petersen 2013

10 - Når solens lys igen

Flemming H. Meng 2013

1 Når solens lys igen kommer frem,
   må nattens mørke forsvinde.
   Det er, som skabes alting igen,
   og livskraften er nu at finde
   for blomster og træer og alt i det fri.
   For legende børn med god fantasi
   er lyset til liv og glæde.

2 Når glædens lys i sind kommer ind,
   må mørke tanker forsvinde.
   Det er, som åbnes vi helt igen
   af kraften, som dér er at finde
   i blomster og træer og alt i det fri.
   De legende børn med god fantasi
   får lyset til liv og glæde.

3 Giv os i dag at leve vort liv
   du kære Gud, Far og Skaber,
   så vi kan være andre til hjælp
   og nyde den skønhed, du giver
   til blomster og træer og alt i det fri.
   Dit legende barn gi'r du fantasi
   og lyset til liv og glæde.

Karsten H. Petersen 2012, 2013

1 At tænde et lys i den mørke krog
   kan være et håb.
   At tænde et lys i den mørke krog
   kan være et råb
   om hjælp og om levende liv.
   Det gi'r os mod og det gi'r os kraft.
   Vi ser ud over os selv.

2 Gud tændte et lys i vort univers
   og deri er håb.
   Gud tændte et lys i vort univers
   og deri er råb
   om hjælp og om levende liv.
   Det gi'r os mod og det gi'r os kraft.
   Vi ser ud over os selv.

3 Gud! Giv du os hver dag at være lys
   for andre med håb.
   Ja, giv du os hver dag at være lys
   for andre med råb
   om hjælp og om levende liv,
   så vi med mod og med kærlighed
   kan se ud over os selv.

Karsten H. Petersen 2004, 2013

12 – En stille brise

Flemming H. Meng 2013

1 En stille brise og måneskin
  gi'r rum for gode tanker
  om dagens gang.
  Sidder på bænken og nynner med
  på fuglens rene toner
  og dagens sang.

2 En tak skal lyde til mine, der
  er med og gerne deler
  det nære liv.
  Der skal og sendes en tak til dem,
  der mig i jobbet møder
  så positiv.

3 Og tak til Gud, der bag alting står
  med kraften til at give
  og skabe alt.
  Tak, kærligheden med Kristus kom,
  så jeg deri kan blive
  til jordens salt.

Karsten H. Petersen 2013

En dag er ved at være brugt - 13

Flemming H. Meng 2013

1 En dag er ved at være brugt,
   og solen gået ned.
   Jeg ser det sker, hvor er det smukt,
   og mærker aftnens fred.

2 Lidt her, lidt der og være nær,
   jeg bærer gerne med
   og har det godt, når jeg kan vær'
   som godhed i Guds sted.

3 Når børnene er lagt i seng
   og køknet ryddet op,
   da kalder arbejdet igen
   lidt mail, før det bli'r stop.

4 Jeg takker for min dagligdag
   du, Gud, der alting gi'r.
   Sæt du mig fri i dit behag,
   så glæden i mig bli'r.

Karsten H. Petersen 2013

14 - Solen forsvinder derude

Flemming H. Meng 2013

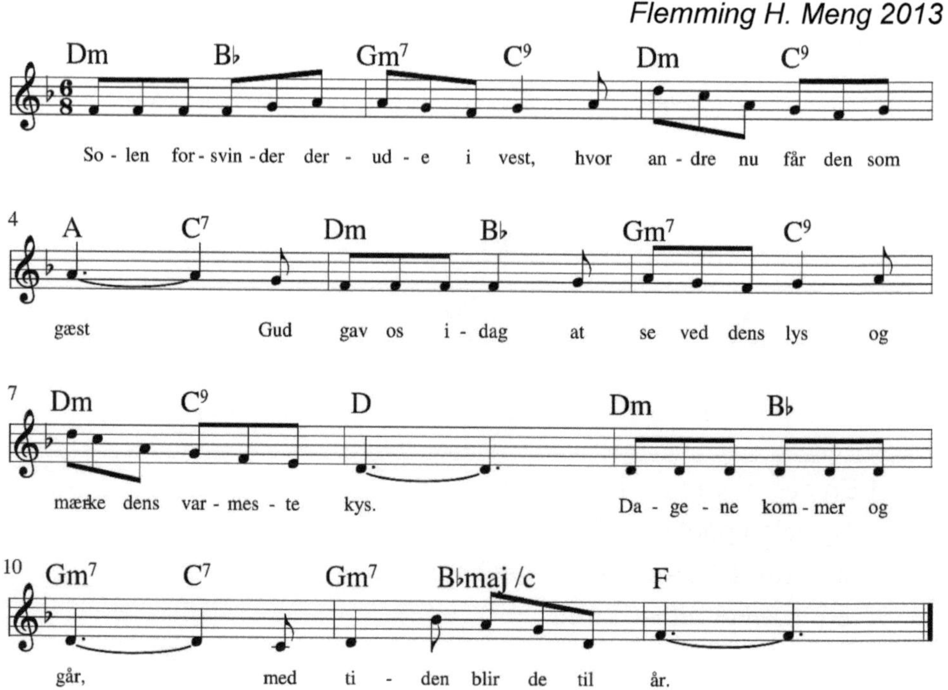

1 Solen forsvinder derude i vest,
  hvor andre nu får den som gæst.
  Gud gav os i dag at se ved dens lys
  og mærke dens varmeste kys.
  Dagene kommer og går,
  med tiden bli'r de til år.

2 Glæder og sorger i livet vi får
  og mere, vi ej helt forstår.
  Nu minder vi har ved solsortens sang
  og lyden af klokkernes klang.
  Dagene kommer og går,
  med tiden bli'r de til år.

3 De sidste lysstrejf gi'r farverne spil,
  og blomsterne lukker sig til.
  Men mørket vil aldrig blive totalt,
  for lys er som Gud over alt.
  Dagene kommer og går,
  med tiden bli'r de til år.

4 Sådan er det også med vores liv:
  Vi knækkes af døden som siv.
  Engang skal vi i Guds evighed bo.
  Så trygt vi kan sove i tro.
  Dagene kommer og går,
  med tiden bli'r de til år.

Karsten H. Petersen 2013

I fællesskabets glæde - 15

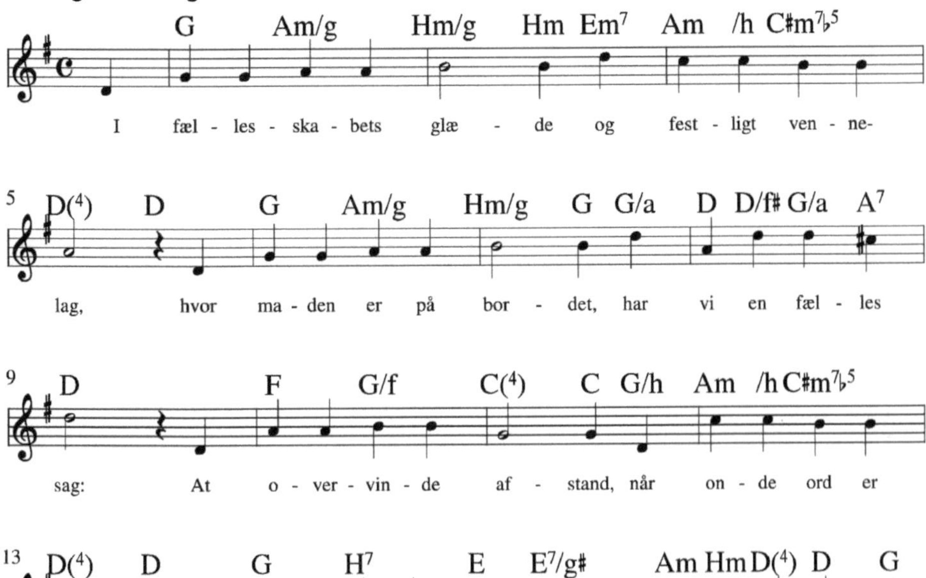

1 I fællesskabets glæde
   og festligt vennelag,
   hvor maden er på bordet,
   har vi en fælles sag:
   At overvinde afstand
   når onde ord er sagt
   og bære kærligheden,
   som i vort sind er lagt.

2 Med ydmyghed og godhed
   vi finder vejen frem.
   Tålmodighed og mildhed
   er og i hjertets hjem.
   For Gud gi'r muligheder
   og vi, de udvalgte,

vil både få og give
som helligt elskede.

3 At slutte dagen sammen
   med ro i sjæl og sind
   er gaven, vi får givet
   med Helligåndens vind.
   For det er godt at tilgi'
   og selv på ny bli' set
   af andres milde øjne,
   når nåden ej er delt.

Karsten H. Petersen 2013

16 - Når aftnen kommer

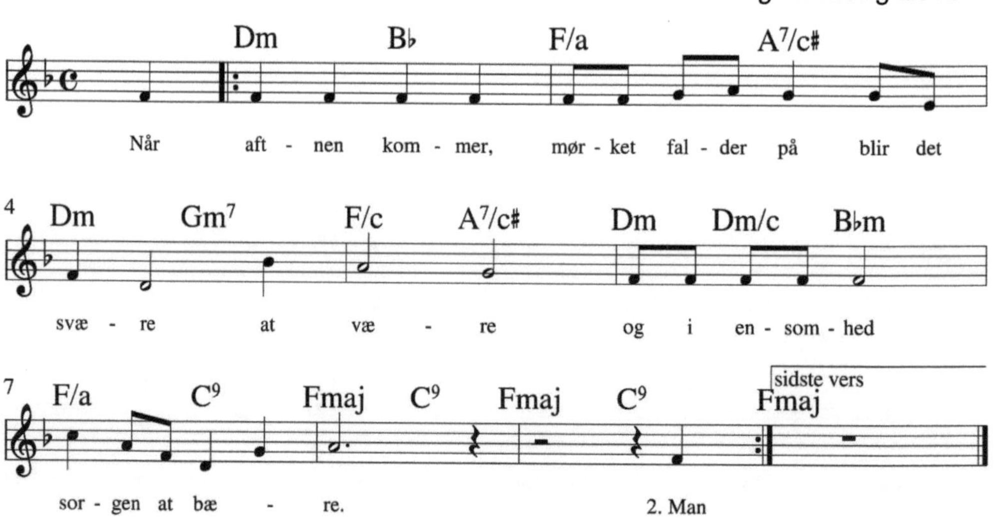

1 Når aftnen kommer, mørket falder på
   bli'r det svære at være
   og i ensomhed sorgen at bære.

2 Man sidder ene ser på sit TV,
   råb fra nabo man hører,
   dog til fællesskab ikke det fører.

3 Ved fødselsglæden døden ta'r sin pant,
   alt har sin tid på jorden.
   Denne verden må have sin orden.

4 I dåbens tilsagn gives livet nyt
   med evighed som gave.
   Et barmhjertigheds blik Gud vil have.

5 Med dette håb kan vi igen se frem
   til at møde de kære.
   Vi bli'r og med Gud ét i det nære.

6 Hver aften kan man mørke tanker få
   og for natten ret grue,
   før igen en ny dag la'r sig skue.

Karsten H. Petersen 2013

Flemming H. Meng 2013

1 Mørket er tungt, og natten er lang.
  Uro gi'r angst, og tanken er trang.
  Hvor og hvorfor og hvad skal der ske?
  Livets værdi er svært helt at se.
  Dog, der er et glimt af håb,
  når natten vender.

2 Nærvær og fred i stilhedens rum,
  samtale dyb, der ikke gør stum.
  Hvor og hvorfor og hvad skal der ske?
  Livets værdi er muligt at se,
  og der er et glimt af håb,
  når natten vender.

3 Mørke til lys og nat bli'r til dag,
  indsigten når et dybere lag.
  Hvor og hvorfor og hvad skal der ske?
  Livets værdi vi gives at se,
  og der er et glimt af håb,
  når natten vender.

Karsten H. Petersen 2013

18 - Vi takker dig for dagen

Johannes Toftdal 2011

1 Vi takker dig for dagen,
  og ber en stille bøn:
  Vær du hos os i natten
  vor Herre, du Guds søn.

2 Lad vore tanker være
  hos dem, som vi har kær,
  og hjælp os til at bære
  den sorg, som er os nær.

3 Vær du hos dem, der trænger
  til nærvær nu og her
  og hjælp os, så vi handler,
  når vi kan være der.

4 Hjælp du os til at lære
  af vores håbløshed.
  Lad tilgivelsen være
  den nye mulighed.

5 Vi takker dig for dagen
  vor Herre, du Guds søn.
  Vi går nu ind i natten
  med troen og i bøn.

Karsten H. Petersen 2011

Søren Krogh 2008

1 I knuset af din far

og bedste, der er rar.

Når mor dig stryger på din kind,

mens du til hende kryber ind.

Dér mærker du den kærlighed,

som Gud i livet giver.

Og den vil altid vare ved,

hvordan dit liv end bliver.

2 Mærk solens varme glød

og bamsen, der er blød.

Se månen der os viser vej,

når mørket helt har sænket sig.

På samme måde er det med

den Gud, fra hvem alt kommer.

Han er hos dig på hvert et sted.

Sov sødt og drøm om sommer.

Karsten H. Petersen 2008

20a - Alting spirer og gror

Flemming H. Meng 2006

1 Alting spirer og gror,
   det er Guds under på jord.
   Der, hvor alt før var øde,
   kan vi nu møde
   blomstrende skud.
   Liv og kærlighed vil
   helt bryde dødsrigets spil.

2 I det daglige vil
   også et under bli' til,
   når vi hjælper hinanden,
   og med forstanden
   tænker os om.
   Liv og kærlighed vil
   da bryde ondskabens spil.

3 På den dejlige jord
   har vi vort liv, og vi tror;
   dét at elske er givet
   ligesom livet
   helt af vor Gud.
   Liv og kærlighed vil
   for altid være i spil.

Karsten H. Petersen 2006

Alting spirer og gror - 20b

Dorthe B.A. Hansen 2011

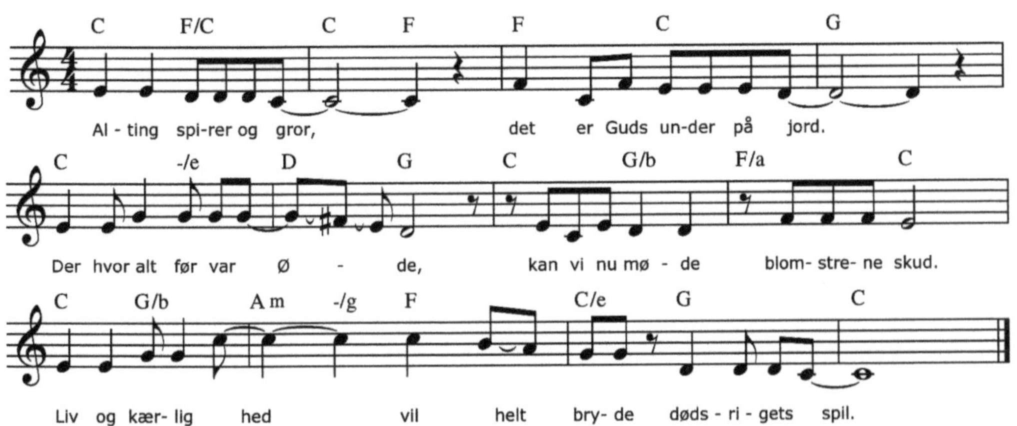

1 Alting spirer og gror,
   det er Guds under på jord.
   Der, hvor alt før var øde,
   kan vi nu møde
   blomstrende skud.
   Liv og kærlighed vil
   helt bryde dødsrigets spil.

2 I det daglige vil
   også et under bli' til,
   når vi hjælper hinanden,
   og med forstanden
   tænker os om.
   Liv og kærlighed vil
   da bryde ondskabens spil.

3 På den dejlige jord
   har vi vort liv, og vi tror;
   dét at elske er givet
   ligesom livet
   helt af vor Gud.
   Liv og kærlighed vil
   for altid være i spil.

Karsten H. Petersen 2006

21 - Sommersol

Flemming H. Meng 2011

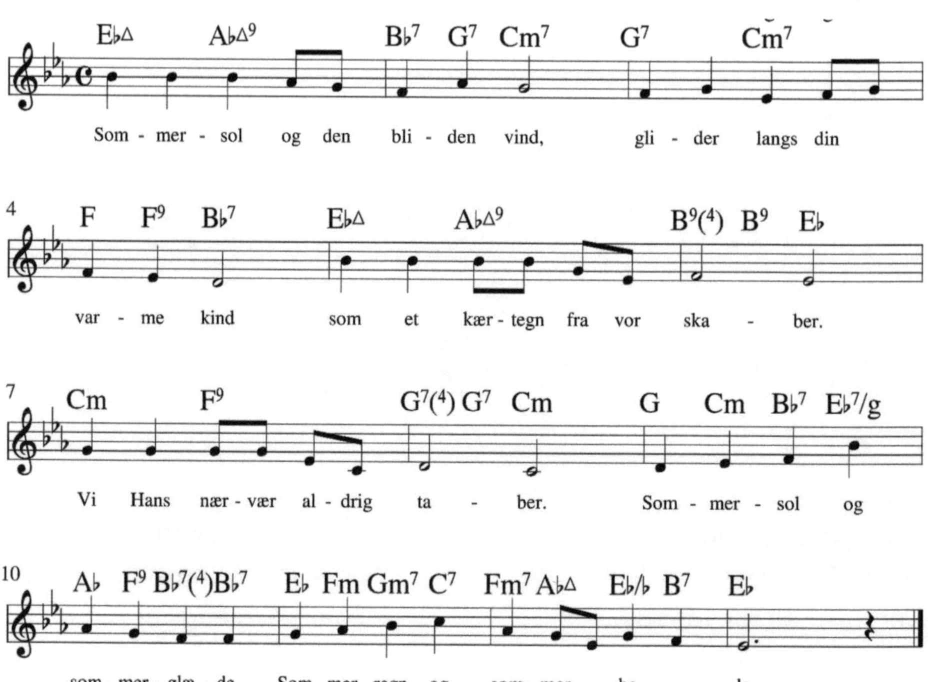

1 Sommersol og den blide vind
  glider langs din varme kind
  som et kærtegn fra vor Skaber.
  Vi Hans nærvær aldrig taber.
  Sommersol og sommerglæde,
  sommerregn og sommerhede.

2 Sommerregn giver dejlig vækst -
  frodighed til livets fest.
  Alt i verden er os givet,
  og det bærer hele livet.
  Sommersol og sommerglæde,
  sommerregn og sommerhede.

3 Sommerhede og tørret jord
  kan gi mangel på vort bord.
  Sorg og smerte er i livet
  som et vilkår også givet.
  Sommersol og sommerglæde,
  sommerregn og sommerhede.

4 Sommerglæde er når vi ved
  og tør tro Guds kærlighed.
  Lyse nætter kan vi nyde,
  og en lovsang her skal lyde.
  Sommersol og sommerglæde,
  sommerregn og sommerhede.

Karsten H. Petersen 2011

Luften er stadig sommermild - 22

Flemming H. Meng 2006

1 Luften er stadig sommermild,
  med solens varme stråler.
  Blæsten er både hård og blid.
  Vi mærker, at vi lever.
  Gud, hjælp os med tak at dele
  det, du giver os til glæde.

2 Marken har båret korn på aks.
  I haven står der blomster.
  Frugten på træet modner straks.
  Dét er et væld af gaver.
  Gud, hjælp os med tak at dele
  det, du giver os til glæde.

3 Hjertet er givet varmt og godt.
  Med hjernen kan vi tænke.
  Livet er, selv når det er kort,
  så stor for os en gave.
  Gud, hjælp os med tak at dele
  det, du giver os til glæde.

4 Vi kan i denne stille stund
  tænke på disse gaver,
  og kirken giver os det rum,
  der gør, at vi nu beder:
  Gud, hjælp os med tak at dele
  det, du giver os til glæde.

Karsten H. Petersen 2006

23 - I den stille glæde

Flemming H. Meng 2006

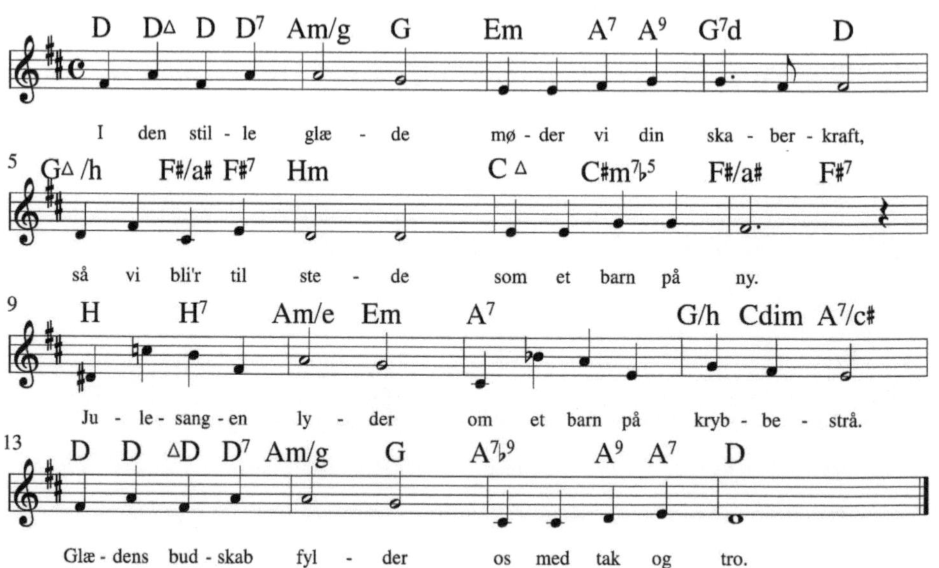

1 I den stille glæde
  møder vi din skaberkraft,
  så vi blir tilstede
  som et barn på ny.
  Julesangen lyder
  om et barn på krybbestrå.
  Glædens budskab fylder
  os med tak og tro.

2 Barnet kom til verden
  som Guds egen søn på jord.
  Dog blev det hans færden
  at gå dødens vej.
  Påskesangen lyder
  om en mand på korsets træ,
  der med Guds kraft bliver
  til opstandelse.

3 Lyset var i verden
  som Guds søn i kød og blod,
  og det er i verden
  som et ord af Gud.
  Himmelsangen lyder
  om Guds fred og kærlighed.
  Håbet, den os giver,
  er om evigt liv.

Karsten H. Petersen 2006

Så underligt forunderligt - 24

Kristian Enevoldsen 2015

1 Det begyndte med et ord,
  og ordet var af Gud.
  Alt skabtes, som Gud ville,
  og det så dejligt ud.
  Det skete en dag,
  og det sker nu i dag.
  Så underligt
  forunderligt
  med livets dybe himmellag.

2 Det begyndte i en stald,
  hvor Ordet blev til krop.
  Hans liv blev kærlighed, og
  mod Ham gav døden op.
  Han talte en dag,
  og Han taler i dag.
  Så underligt
  forunderligt
  med livets dybe himmellag.

3 Det begyndte, da Guds kraft
  gav skræmte mænd nyt mod.
  De gik med bud og talte
  på sprog, som folk forstod.
  Det hørtes en dag,
  og det høres i dag.
  Så underligt
  forunderligt
  med livets dybe himmellag.

4 Det begyndte første gang
  et kærligt ord blev talt.
  Må troen vokse i mig,
  så jeg tør dele alt.
  Er elsket i dag -
  jeg kan elske i dag.
  Så underligt
  forunderligt
  med livets dybe himmellag.

Karsten H. Petersen 2015

25 - December

1 December gør hjertet
            så varmt og så glad.
Pynt hænges op.
Pynt hænges op, julens tegn:
Et hjerte, en stjerne, en engel på rad.
Vi gør os nu klar.
Ja, nu er vi klar.
December gør hjertet
            så varmt og så glad.

2 December er mørk
            men dog hygge og fest.
Vi tænder lys.
Vi tænder lys fuld af håb
og åbner vort hjerte for ham,
            der som gæst
er kommet med fred.
Ja, selv er Guds fred.
December er mørk
            men dog hygge og fest.

3 December kom engle
            til hyrder med sang.
For de mon vild?
For de mon vild i den nat?
Nej, de kom fra Gud
            med et budskab, der klang:

En frelser er født.
Guds frelse er født.
December kom engle
            til hyrder med sang.

4 December har stjernen,
            der ledte tre mænd
frem til en stald -
frem til en stald med et barn.
De bøjed sig ned,
            gav det gaver såmænd.
Det barn var Guds søn.
Det barn er Guds søn.
December har stjernen,
            der ledte tre mænd.

5 December er pyntet til jul i hver by.
Jul i hver by.
Jul i hver by under sky.
Lad glæden og varmen
            på ny være ny.
For Gud kom til jord.
Ja, Gud er på jord.
December er pyntet til jul i hver by.

Karsten H. Petersen 2010

Mel.: Barn Jesus

1 Den første julenat på jord,
   da kongesønnen fødtes.
   En stjerne klar på himlen stor
   hvorunder hyrder mødtes
   med barnet og dets moder god.
   I stalden Gud sig føde lod.
   Fra himlen kom en kongesøn,
   vor kongesøn.

2 Den søde julenat med fryd
   en frelser blev os givet.
   Der hørtes englesangens lyd
   som aldrig før i livet.
   De Herrens pris med glæde sang,
   'Halleluja' fik særlig klang.
   For opfyldt blev profetens ord
   på denne jord.

3 Vor høje kongesøn den nat
   et liv på jord blev givet.
   Lov, pris og tak vor dyre skat,
   der gør os fri til livet.
   Velkommen til vor verden ned
   du himlens glans og herlighed.
   Halleluja, du kom herned
   i kærlighed.

Olga H. Petersen 1961/Karsten H. Petersen 2011

27 - Det er glædens tid

Søren Krogh 2008

1 Det er glædens tid,
  selv om det er mørkt og koldt.
  Og vi tænder lys,
  som et tegn på liv og håb.
  For, et barn er født
  som Guds kærlighed på jord.
    (mellemspil)
  Ja, et barn er født
  som Guds kærlighed på jord.

2 I den mørke nat
  lå der hyrder på en mark.
  De sku' være først
  til at høre glædens ord;
  At et barn er født
  som Guds kærlighed på jord.
    (mellemspil)
  Ja, et barn er født
  som Guds kærlighed på jord.

3 På en himmel klar
  var der englekor i flok.
  Som et lys var de
  og det ord, de sang om fred.
  For, et barn er født
  som Guds kærlighed på jord.
    (mellemspil)
  Ja, et barn er født
  som Guds kærlighed på jord.

4 Det er glædens tid.
  Ordet lyder nu for os.
  Lyt som hyrden god.
  Syng som englen højt i kor;
  At et barn er født
  som Guds kærlighed på jord.
    (mellemspil)
  Ja, et barn er født
  som Guds kærlighed på jord.

Karsten H. Petersen 2008

Flemming H. Meng 2014

1 En stjerne over stjerner
   på nattehimlen står.
   Den lyser gennem tiden
   med budskab år for år.
   Nu er det glædens jul.
   Syng: Glædelig jul!

2 Det er Guds fred til alle
   der gives os på jord,
   som engle sang i natten
   til hyrder ord for ord.
   Nu er det glædens jul.
   Syng: Glædelig jul!

3 Det er den store skaber,
   der troen i os sår,
   og det er ham i krybben,
   der gir os barnekår.
   Nu er det glædens jul.
   Syng: Glædelig jul!

4 Guds stjerneglimt i alle
   gir os en mulighed,
   så vi med smil kan hjælpe
   til fællesskabets fred.
   Nu er det glædens jul.
   Syng: Glædelig jul!

Karsten H. Petersen 2014

29 - Hjerternes fest

Kristian og Nanna Enevoldsen 2015

1 Vi tænder et lys når aftnen er mørk
og vinterens dage er korte.
Vi tænder et håb, når vi bringer lys
til dem, der må sidde i mørke.
For julen er håbet, der fødtes engang.
Ja, julen er hjerter, og julen er sang.
Julen er glæde, og julen er fest
Hjerternes fest.

2 Vi pynter et træ med stjernen i top
   og englene hænger på grene.
   Vi pynter vor by med hjerter som tegn.
   I stuen er nisser og krybbe.
   For julen er håbet, der fødtes engang.
   Ja, julen er hjerter, og julen er sang.
   Julen er glæde, og julen er fest
   Hjerternes fest.

3 Vi mindes dengang, da Jesus blev født.
   Til stalden fandt hyrder og vise.
   Vi mindes den nat og mærker den ånd,
   der giver os fællesskabsglæde.
   For julen er håbet, der fødtes engang.
   Ja, julen er hjerter, og julen er sang.
   Julen er glæde, og julen er fest
   Hjerternes fest.

4 Vi synger om fred, om Guds kærlighed.
   Vi deler vor glæde med andre.
   Vi synger på jord med engle i kor
   om barnet, Guds ord til os alle.
   For julen er håbet, der fødtes engang.
   Ja, julen er hjerter, og julen er sang.
   Julen er glæde, og julen er fest
   Hjerternes fest.

Karsten H. Petersen 2015

30 - I mørke og kulde

1 I mørke og kulde tænder vi lys.
  Vi venter og håber.
  Naturen er stille, mens vi giver lyd
  til det, der fylder vort hjerte.
  For os er julen en glæde.
  Vi føler os fri
  til at gi'
  og være for andre.
  Og Gud er til stede.

2 Dog smerten kan også være for stor.
  Vi længes og mindes.
  Vi savner de kære,
  som før hos os stod.
  Så ensomt et liv dog kan blive.
  Trods det er julen en glæde.
  Vi føler os fri
  til at gi'
  og være for andre.
  For Gud er til stede.

3 Med Jesus som barn i krybberum kom
  Guds nærvær og varme.
  Og der lød det budskab
          først ved englekor,
  at Herren er kommet til syne.
  Derfor er julen en glæde.
  Vi føler os fri
  til at gi'
  og være for andre.
  Ja, Gud er til stede.

4 Og det evangelium i vor tid
  har stadig sin virkning.
  I generationer er det blevet til
  en fryd i hjerte og tone.
  Må julen altid gi' glæde.
  Vi føler os fri
  til at gi'
  og være for andre,
  når Gud er til stede.

Karsten H. Petersen 2006

Jul i december - 31

1 Jul i december, vi ser lysets magt,
  også når vejret er gråt.
  Byens butikker og gader i pragt
  gør alting forunderlig flot.
  Julen er hjerternes fest,
  for glæden er med som vor gæst.

2 Hjemmet er pyntet, og alt gøres klart.
  Lyset på træet er tændt.
  Alle er samlet, for nu er det snart.
  Og bladet i bogen er vendt.
  Julen er hjerternes fest,
  for glæden er med som vor gæst.

3 Først var der gaver fra tre vise mænd.
  Stjernen er også vort tegn.
  Gaver ved træet blir delt ud igen.
  At give gør frodig som regn.
  Julen er hjerternes fest,
  for glæden er med som vor gæst.

4 Mørket må vige, hvor lys kommer ind.
  Evighedslyset på jord.
  Livet og varmen gir smil i vort sind
  og kærlighed, der hvor vi bor.
  Julen er hjerternes fest,
  for glæden er med som vor gæst.

Karsten H. Petersen 2012

32 - Som en stjerne

Flemming H. Meng 2015

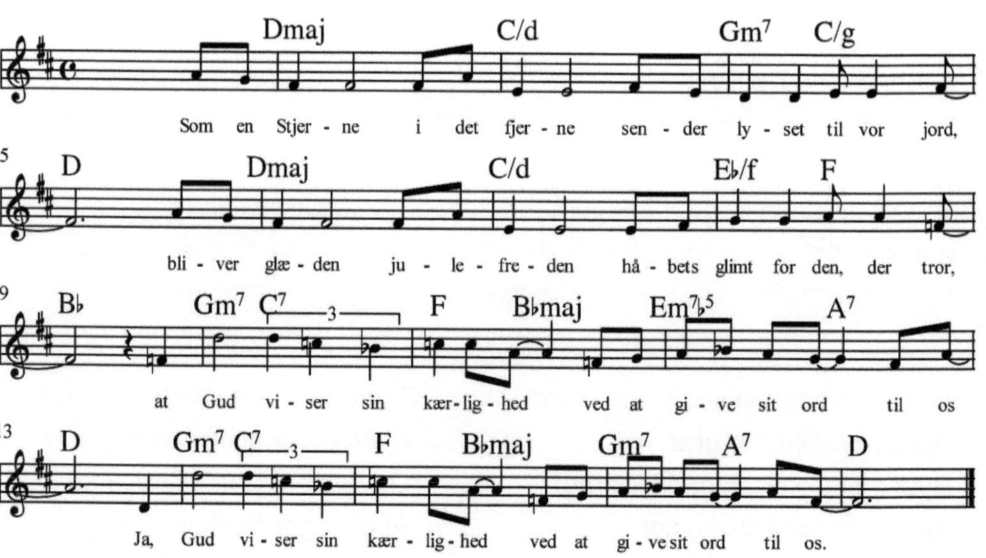

1 Som en stjerne i det fjerne
sender lyset til vor jord,
bliver glæden, julefreden
håbets glimt for den, der tror
at Gud viser sin kærlighed
ved at give sit ord til os.
Ja, Gud viser sin kærlighed
ved at give sit ord til os.

2 Det var barnet, Jesusbarnet
der som spæd i krybben lå.
Først kom hyrder, markens hyrder
ind i stalden, hilste på.
For, de var sendt med englesang
og med budskabet om Guds fred.
Ja, de var sendt med englesang
og med budskabet om Guds fred.

3 Og en stjerne viste gerne
vejen frem til Betlehem,
så at vise kunne prise
kongen ny fra lysets hjem.
Og de havde en gave fin.
Nu er Guds gave din og min.
Ja, de havde en gave fin.
Nu er Guds gave din og min.

4 Tro at livet er dig givet,
og at du er noget værd.
Lad os dele, smerter hele
i et liv, hvor frihed er.
For vi er sat til fællesskab
af den Gud, der har alle kær.
Ja, vi er sat til fællesskab
af den Gud, der har alle kær.

5 Dan en kæde, syng med glæde
som Guds engle sang dengang.
Disse sange, juleklange
lad dem lyde nok engang.
For jul er med sit glædesbud
noget særligt for os på jord.
Ja, jul er med sit glædesbud
noget særligt for os på jord.

Karsten H. Petersen 2015

33 – Jubel uden ende

Dorthe B. A. Hansen og
Karsten H. Petersen 2009

Jubel uden ende -
Alle synger Guds pris.
Livet, Påskens glæde -
Syng alle Guds pris!

1 En søndag kom Jesus til staden,
   og påsken nærmede sig.
   Med grene og kapper på gaden
   hjalp mange folk ham på vej.
   De konge ventede stor,
   som skulle herske på jord.

   Jubel uden ende -
   Alle synger Guds pris.
   Jesus red på æsel -
   Syng alle Guds pris!

2 Den torsdag sad Jesus ved bordet
   med venner – nærvær gør vel.
   Han delte da brød, vin med ordet:
   Nu giver jeg jer mig selv.
   Hans gave heri var stor
   og viste hjælpen på jord.

   Jubel uden ende -
   Alle synger Guds pris.
   Jesus vasked' fødder -
   Syng alle Guds pris!

3 Og fredag, det skete i haven,
   han blev forrådt og forladt.
   Det førte til kors, død og graven
   som udstødt, hånt og forhadt.
   Da mørkets magt blev så stor,
   blev alle bange på jord.

   (mellemspil)

4 Da søndag det morgen blev atter,
   og solens stråle blev stærk,
   var graven helt tom. Der kom latter
   fra livets kilde. Guds værk!
   Så Påskes glæde er stor
   for alle os her på jord.

   Jubel uden ende -
   Alle synger Guds pris.
   Jesus er opstanden -
   Syng alle Guds pris!

5 På vejen de gik ud til Emmaus,
   da mødtes de af Guds Ord.
   Det gør vi hver søndag i Guds hus.
   Vi bydes med ved Hans bord.
   Hans nærvær altid er stor
   selv når, vi ej er på jord.

   Jubel uden ende -
   Alle synger Guds pris.
   Påske, livets sejr -
   Syng alle Guds pris!

Karsten H. Petersen 2009

34 - Nu skal vi juble

1 Nu skal vi juble.
  Ingen må snuble.
  Fest vil der blive i hele vor by.
  Kongen vil komme.
  Smerten er omme,
  når vi skal mærke Guds fred
              her på ny.
  Vi vil møde ham, Jesus, på tur.
  Rejs jer nu op, vis at stemningen dur:
  Hurra til højre.
  Hurra til venstre.
  Hurra nu alle, for her kommer han.

2 Alle kan høre
  noget i røre,
  optoget vokser, og råb blir til sang.
  Blomster og blade,
  kapper og kage
  gør nok at pladsen på vejen er trang.
  Vi vil møde ham, Jesus, på tur.
  Rejs jer nu op, vis at stemningen dur:
  Hurra til højre.
  Hurra til venstre.
  Hurra nu alle, for her kommer han.

3 Nej, se nu bare,
  æslet må klare.
  Hvilken slags konge
              er det mon, han bli'r?
  Det tænker alle.
  Skal vi ham kalde
  en ydmyg hersker, som skrifterne si'r?
  Vi vil møde ham, Jesus, på tur.
  Rejs jer nu op, vis at stemningen dur:
  Hurra til højre.
  Hurra til venstre.
  Hurra nu alle, for her kommer han.

3 Fest skal der være!
  Kald på de kære,
  der har et håb om en sejrerig gang.
  I dag vi råber
  måske som tåber:
  Påsken skal fejres og glæden bli' lang.
  Vi vil møde ham, Jesus, på tur.
  Rejs jer nu op, vis at stemningen dur:
  Hurra til højre.
  Hurra til venstre.
  Hurra nu alle, for her kommer han.

Karsten H. Petersen 2013

Kan synges på: Alle skal synge

Ved bordet samles vi - 35

1 Ved bordet samles vi for at være
   helt i det nære
   med Herren selv.
   Her skal vi smage
   og det gentage;
   Hans liv som brød og lidt vin.
   Guds fred til alle … Guds fred til os.
   Ja, Jesus gav os et fællesskab,
   der aldrig vil høre op.

2 Først ville Jesus dog fødder vaske,
   og uden maske
   han tog dem an.
   En tjener var han.
   Mon også vi kan
   leve sådan for hina'n.
   Guds fred til alle … Guds fred til os.
   Ja, Jesus gav os et fællesskab,
   der aldrig vil høre op.

Karsten H. Petersen 2013

Kan synges på: Om bålet samles vi nu i klynge

36 - Vi ser, Jesus er taget

1 Vi ser, Jesus er taget til fange
   Det gør disciplene bange.
   Til den romerske magt,
   jøders foragt
   går hans vej.

2 De ham fører lidt frem og tilbage
   afhøres uden at klage.
   Han bli'r pisket og hånt,
   slet ikke skånt
   på den vej.

3 Ud sit kors han bærer
   til Golga's høje sted
   Det er hårdt at skulle være
   de kære, der går med.

4 Med tre søm går hans vej til de døde.
   Uskyldigheden må bøde
   for alverdens foragt.
   Guds nye pagt
   er hans vej.

Karsten H. Petersen 2013

Kan synges på: Lad os gå ud af vejen

Det er en underlig morgen - 37

1 Det er en underlig morgen
   Døden er nu blevet snydt.
   Det rammer os midt i sorgen,
   og vi ser alting helt nyt.
   (Hej-)
   Giv os en sang
   (Hej-)
   med livets klang
   (Hej-)
   Mørket han tvang
   Ved opstandelsen Gud for os vandt
                    – så sandt.

2 Kvinderne, der ville klage
   mødte en engel, og med
   ordet hans løb de tilbage.
   Rygtet nu høres hvert sted.
   (Hej-)
   Giv os en sang
   (Hej-)
   med livets klang
   (Hej-)
   Mørket han tvang
   Ved opstandelsen Gud for os vandt
                    – så sandt.

3 Altid skal budskabet lyde
   klokkerne ringe mod sky.
   Ordet kan dødsangsten bryde,
   med håb vi lever på ny.
   (Hej-)
   Giv os en sang
   (Hej-)
   med livets klang
   (Hej-)
   Mørket han tvang
   Ved opstandelsen Gud for os vandt
                    – så sandt.

Karsten H. Petersen 2013

Kan synges på: Kom lad os få os lidt varme

38 - Søndag er en særlig dag

Søren Krogh 2009

1 Søndag er en særlig dag.
  Da holder kirken fest.
  Vi fejrer liv og kærlighed.
  Vær du kun med som gæst.
  For det var Påskesøndag,
  at Jesus han opstod.
  Han mødte først Maria
  og hilste glad Godmorgen!

2 Døden havde ikke magt,
  da Gud i Jesus kom.
  På korset var han helt fortabt,
  men graven den blev tom.
  For det var Påskesøndag,
  at Jesus han opstod.
  Han mødte først Maria
  og hilste glad Godmorgen!

3 Søndag er en frihedsdag.
  Gud gir os livet nu.
  I brød og vin og salmesang
  er Han mig nær som du.
  For det var Påskesøndag,
  at Jesus han opstod.
  Han mødte først Maria
  og hilste glad Godmorgen!

Karsten H. Petersen 2009

Som en strejf - 39

Kristian Enevoldsen 2015

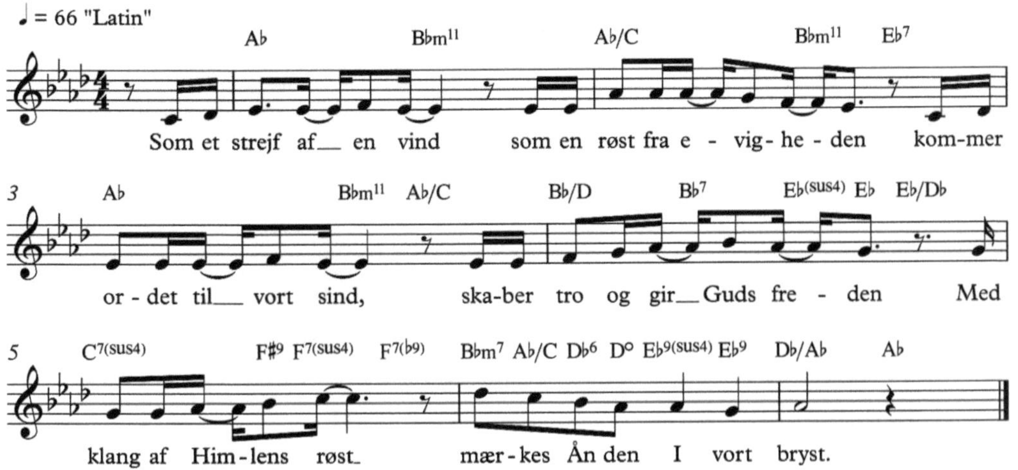

1 Som en strejf af en vind
  som en røst fra evigheden
  kommer ordet til vort sind,
  skaber tro og gir Guds freden.
  Med klang af himlens røst
  mærkes ånden i vort bryst.

2 Som med ild tændtes de,
  der var skjult bag låste døre.
  De gik ud og talte frit
  til enhver, der ville høre.
  Med klang af himlens røst
  mærkes ånden i vort bryst.

3 Lyt og mærk kraften, der
  bærer glædens ord i verden.
  Der blir talt på hvert et sprog
  om Guds søn, hans ord og færden.
  Med klang af himlens røst
  mærkes ånden i vort bryst.

4 Også vi sendes ud,
  når Guds ånd gør os til kirke.
  For det glædelige bud
  må i ord og handling virke.
  Med klang af himlens røst
  mærkes ånden i vort bryst.

Karsten H. Petersen 2015

40 - Det er så dejligt

Mel.: Det er så yndigt

1 Det er så dejligt at være to,
   der gerne deler og lever sammen.
   De med hinanden kan finde ro,
   når kærligheden i hjertet er flammen.
   Så lev kun livet,
   som Gud har givet.
   Del sorg og glæde
   og vær til stede
   i kærlighed.

2 Det er en glæde at mødes her
   i fællesskab for Guds ord at høre;
   at vi er elsket, og Han er nær.
   Velsignet blir vi, og livet blir større.
   Så lev kun livet,
   som Gud har givet.
   Del sorg og glæde
   og vær til stede
   i kærlighed.

3 I kærligheden er valget let.
   To føres sammen og ser hinanden.
   Så særligt er det at stå helt tæt
   og højt må sige sit 'ja' til den anden.
   Så lev kun livet,
   som Gud har givet.
   Del sorg og glæde
   og vær til stede
   i kærlighed.

Karsten H. Petersen 2010-11

Det store i det små - 41

Niels Hougaard Jefsen 2010

1 Så utrolig er naturen
med dens farver, liv og klang
og så fuld af små mirakler,
som er nye dagen lang.
Rør ved et græsstrå.
Se på en svale.
Det store er i det små.
For Gud har skabt alt det hele
med sit ord og lys og ånd.
Derfor skal vi nu dele
det liv, vi får lagt i vor hånd.

2 Så fantastisk er et men'ske.
Vi kan tænke, tale, se
og har fantasiens gave,
gode evner - alt kan ske.
Stol på dit hjerte
og brug din hjerne.

Det store er i det små.
For Gud har skabt...

3 Vi er fælles med hinanden
om at være, og det sker,
de gudgivne muligheder
ses og bruges mer og mer.
Hver er vi grene
på Jesu stamme.
Det store er i det små.
For Gud har skabt alt det hele
med sit ord og lys og ånd.
Derfor skal vi nu dele
det liv, vi får lagt i vor hånd.

Karsten H. Petersen 2010

42 - Du, min Gud

Johannes Toftdal 2005

1 Du, min Gud, i bøn jeg bringer
frem for dig i tro og med håb
mine ord på hjertevinger
i det stille eller som råb.
Hør det - men lad alting dog ske,
som du vil, og hjælp mig at se,
at du er hos mig i livet
og, at jeg din kraft blir givet.

2 Hjælp mig til at høre ordet
om dit sande kærligheds værk.
Du gav fællesskab ved bordet
og var lys i verden så stærk.
Al magt – men i afmægtighed
gik du i vor skrøbelighed.
Nu du vejen er og livet,
der er mig trods døden givet.

3 Lad mig så gå ud med glæde
for at bringe håb med det ord.
Og lad ånden vær' til stede,
så barmhjertigheden blir stor.
Send mig – men lad mig ej kun gå,
hvor jeg vil og kan det forstå.
Ord og gerning, liv og lære
skal for andre også være.

Karsten H. Petersen 2005

Johannes Toftdal 2005

1 Gud har skabt os.

   Dét er helt fantastisk.

   Han er med os dag og nat

   som vor kære far i himmelen.

   Lad os alle sige tak.

2 Vi kan leve,

   dét er helt fantastisk,

   med hinanden her og nu.

   Vi kan hjælpes ad og være glade.

   Lad os alle sige tak.

Karsten H. Petersen 2005

44 - Kære Gud, lad mig ta'

Søren Krogh 2008

1 Kære Gud, lad mig ta'
   hver en stund som en gave fra dig.
   Her i nuet
   som en duet
   bliver alting til og er.
   Kære Gud, lad mig ta'
   hver en stund som en gave fra dig.

2 Kære Gud, lad mig ta'
   hver en dag som en gave fra dig.
   Hele livet
   er mig givet
   til at bruge – slide på.
   Kære Gud, lad mig ta'
   hver en dag som en gave fra dig.

3 Kære Gud, lad mig ta'
   hvert et år som en gave fra dig.
   Giv med alder
   det, vi kalder
   livets visdom og værdi.
   Kære Gud, lad mig ta'
   hvert et år som en gave fra dig.

Karsten H. Petersen 2008

(Slut evt. med at gentage vers 1)

Lad os tænde et lys - 45

Karsten H. Petersen 2007

1 Lad os tænde et lys.

  Lad os tænde et lys.

  Lad os tænde et lys,

         så mørket brydes.

  Vi er skabt af Guds vilje og må

  leve i hans kærlighed.

  Lad os tænde, så mørket brydes.

2 Lad os hjælpe en nær.

  Lad os hjælpe en kær.

  Lad os hjælpe enhver,

         så smerten lindres.

  Vi er skabt af Guds vilje og må

  leve i hans kærlighed.

  Lad os hjælpe, så smerten lindres.

3 Lad os mødes med fred.

  Lad os mødes til fred.

  Lad os mødes i fred,

         så verden heler.

  Vi er skabt af Guds vilje og må

  leve i hans kærlighed.

  Lad os mødes, så verden heler.

4 Lad os synge Guds pris.

  Lad os synge Guds pris.

  Lad os synge Guds pris

         til hjertets glæde.

  Vi er skabt af Guds vilje og må

  leve i hans kærlighed.

  Lad os synge til hjertets glæde.

Karsten H. Petersen 2007

46 - Lev nu - du er elsket

Kristian Enevoldsen 2015

Lev nu!
Del dit liv med andre
og hjælp,
hvor der er brug for dig.
Spring ud
over livets rampe.
Brug det liv Gud giver dig.

Tro kun på du er elsket,
og at du er noget værd.
Du er skabt, du er elsket,
i Guds øjne meget værd.

Lev nu!

Karsten H. Petersen 2014

(kan synges som kanon)

Dorthe B. A. Hansen og
Karsten H. Petersen 2009

1 Livet springer ud
   som et stjerneskud.
   Ny og frisk er altid hver morgen.
   Med et farveflor
   dækkes vores jord.
   Fugle synger derud' i skoven.
   Jorden er et dejligt sted,
   og alt her hører sammen.
   Kommer du? Ja, vær nu med!
   For livet selv sætter rammen.

2 Her går du og jeg
   nu på livets vej.
   Håber vi må fyldes af glæde.
   Brug din fantasi!
   Dét er ren magi.
   Frisk og fri er vi helt tilstede.
   Jorden er et dejligt sted...

3 Er du trist og kold
   som en slatten bold?
   Mangler du mon nogen at kende?
   Se dig rundt omkring
   på de mange ting -

Er der mon og en ven at finde?
   Jorden er et dejligt sted...

4 Regnen drypper ned,
   giver os lidt fred
   til at tænke: Hvad kan vi magte?
   Hvad er livet værd?
   Hvorfor er vi her?
   Så fantastisk er alt det skabte.
   Jorden er et dejligt sted...

5 Med et ord om fred
   og sin kærlighed
   giver Gud os livet, det ene.
   Lev det ud med stil
   og et venligt smil.
   Lad kun hadet visne alene.
   Jorden er et dejligt sted,
   og alt her hører sammen.
   Kommer du? Ja, vær nu med!
   For livet selv sætter rammen.

Karsten H. Petersen 2009

48 - På jorden at leve

1 På jorden at leve det er, hvad vi skal -
  på jorden at leve og være.
  Med skabelseskraftens
          mangfoldige værk
  som det, der sætter rammen.
  Vi tror på Guds kærlighed.
  Vi lever i Guds kærlighed
  - en kærlighed, der gir os mod
  at leve med hinanden.

2 På jorden at virke det er, hvad vi skal -
  på jorden at virke og lære.
  Med skabelseskraftens
          mangfoldige værk
  som det, der sætter rammen.
  Vi tror på Guds kærlighed.
  Vi lever i Guds kærlighed
  - en kærlighed, der gir os mod
  at leve med hinanden.

3 På jorden at elske det er, hvad vi skal -
  på jorden at elske og ære.
  Med skabelseskraftens
  mangfoldige værk
  som det, der sætter rammen.
  Vi tror på Guds kærlighed.
  Vi lever i Guds kærlighed
  - en kærlighed, der gir os mod
  at leve med hinanden.

4 På jorden er livet,
          hvad Gud selv står bag -
  på jorden er livet en gave,
  hvor skabelseskraftens
          mangfoldige værk
  er det, der sætter rammen.
  Vi tror på Guds kærlighed.
  Vi lever i Guds kærlighed
  - en kærlighed, der gir os mod
  at leve med hinanden.

Solen skinner over landet - 49

Kristian og Bertram Enevoldsen 2016

1 Solen skinner over landet,
byens gader varmes op.
Fugle synger glade sange.
Men'sker strækker deres krop.
Endnu en dag er givet.
Frit kan vi synge for livet
med glæde og håb.

2 Travlhed breder sig i landet;
Arbejd', skole og et hvil.
Går på stien, ser et ansigt,
øjne mødes i et smil.
Hvert fællesskab er givet.
Frit kan vi synge for livet
med glæde og håb.

3 Vind og skyer over landet,
regnen væder vores jord.
Dum bemærkning, ussel handling
løses med tilgivne ord.
Tillid, respekt er givet.
Frit kan vi synge for livet
med glæde og håb.

4 Solen skinner over landet,
må vi leve her i fred.
Lad os lege, grine, bruge
tro og håb ja kærlighed
og fantasi som givet.
Frit kan vi synge for livet
med glæde og håb.

Karsten H. Petersen 2016

50 - Så vælg da livet

Karsten H. Petersen 2007

1 Så vælg da livet, som er dig givet.
Ja, vælg det liv, der er dit.
Syng glæden ud – lad din ånd få vinger
så fuld af liv når dit hjerte klinger,
og livet gives dig frit.

2 Så vælg da livet, som er dig givet.
Ja, vælg det liv, der er dit.
Vort univers er så stort og mægtigt,
og dog er alt, hvad vi gør, jo vigtigt,
når livet gives os frit.

3 Så vælg da livet, som er dig givet.
Ja, vælg det liv, der er dit.
Bær skylden selv –
             det kan ingen anden.
Vær ærlig selv, når kun du er manden.
Tilgivet blir livet frit.

4 Så vælg da livet, som er dig givet.
Ja, vælg det liv, der er dit.
Giv ikke op – blir du ramt og såret.
Lad kærligheden gro ubeskåret
som livet, der gives frit.

5 Så vælg da livet, som er dig givet.
Ja, vælg det liv, der er dit.
Vær åben for skaberkraftens styrke,
så fantasien ej blir en byrde.
For livet gives jo frit.

Karsten H. Petersen 2007

Vi overgir den døde - 51

1 Vi overgi'r den døde
    i vor Herres hånd.
Nu kan vi ikke læng're
    de gode hænder være.
Fred være med den, der for os
    er i dødens bånd.
Til afsked kan vi sige tak
    for livet i det nære.
Vi tror, du kære ikke er gået til
- men er gået til Gud.

2 Så stille er der for os,
    hvor du førhen var,
men følelser og tanker
    gir uro i vort indre.
Af sorgens smerte fyldes vi,
    og vor sjæl får ar.

Vi håber savn og minder vil
    med kærlighed os linder.
Vi tror, du kære ikke er gået til
- men er gået til Gud.

3 Vi overgi'r den døde
    i Guds varetægt,
i troen på at evigt
    Han død til liv vil vende.
Det tilsagn giver Jesus os
    med sin guddoms vægt,
at Han er med os nu og her
    og ind til verdens ende.
Vi tror, du kære ikke er gået til
- men er gået til Gud.

Karsten H. Petersen 2009, 2015

52 - Vor Far

1 I hjemmet er nærvær med hver lille skat,
   når det bliver aften, og det er Go'nat.
   Godt er det at bede 'Vor Far'.

2 Vi mødes i kirken om tro og til dåb,
   til kærligheds nadver og fællesskabs håb.
   Vi samles i bønnen 'Vor Far'.

3 Selv når man er ene - tror ej man er med,
   er Guds rige større end tid, rum og sted.
   Så bønnen er stadig 'Vor Far'.

4 For, stor er familien af Guds børn på jord,
   der lever i tillid til Ordet. Vi tror,
   Gud evigt vil være vor Far.

Kasten H. Petersen 2006 og 2014